happy Buch

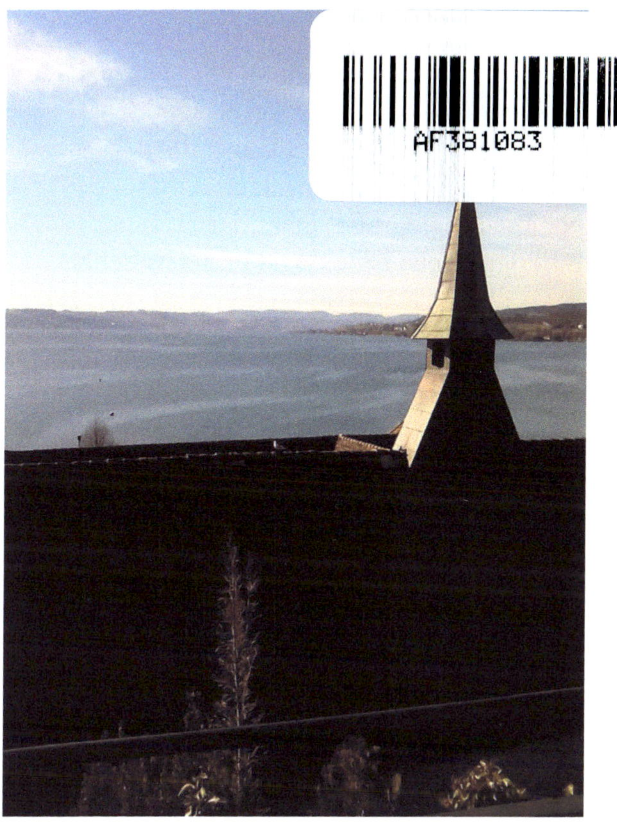

Impressum:

Bibliografische Information der Deutschen Nationalbibliothek: Die Deutsche Nationalbibliothek verzeichnet diese Publikation in der Deutschen Nationalbibliografie; detaillierte bibliografische Daten sind im Internet über www.dnb.de abrufbar.

Herstellung und Verlag

BoD - Books on Demand, Norderstedt

ISBN 9783750469846

Dieses happy Buch ist ein „Große Liebe Heiratsversprechen" von mir Peter Oberfrank – Hunziker an meine Ehefrau Michelle mit schöner Tiefe und glücklich sein im Herzen und ewiges Erinnern an unsere roten Herzpolster und grünen Herzpolster mit ewiger Treue und fröhliches Feiern beim Weihnachtsbaum mit Geschenken und Ostern feiern in der Natur und schön wohnen und reisen und am Geburtsort freudig sein und spaßig NHL Sport machen und Trophäen feiern und Confetti basteln und schöne Bilder malen und Bücher lesen und auch Bücher schreiben und im Weltall sein und überall sein und ewig schöne Graswiesen genießen und am Wassersteg witzig sein und schöne Modekleidung tragen und wunderbare Essensfeiern und Party machen und in Kirchen die Atmospähre schätzen und Sternbilder schauen und schöne Wasserfälle anschauen und Ruhe genießen und Palmenbäume bestaunen und in schönen Sportstadien sein und genau sein und clownig sein …..

Heute am 24 . 2. 2020 ist ein schöner Festivaltag zum Feiern und schön sein mit NHL Sport und die Natur ewig genießen und im „History book" ist dieser Tag als „Indianertag" bezeichnet und mit „glücklich sein" beschrieben …..

Dieses Buch ist auch schön zum Erinnern und einer meiner NHL art names ist „happy" für glücklich sein und diesen NHL art name habe ich nur bei den NHL Mannschaften New York Rangers und Nashville Predators und Fußballteam Argentina mit der Rückennumer „24" und meinem „Heiratsname Peter Oberfrank – Hunziker" und NHL art name „happy" am Jersey getragen und dies immer und ewig. Meinen Geburtsnamen „Peter Oberfrank" und Rückennumer „27" habe ich bei allen NHL Mannschaften am Jersey getragen und dies auch immer und ewig …. dies steht auch im NHL Trophy book so geschrieben …. für mich glückliche NHL art names sind auch Yvgeni Malkin, Wayne Gretzky, Martin St. Louis, nature, all star, mascoti, toronti, Peter ever.

Ein schöner Kinderwunsch ist dieses Buch
auch mit freien Seiten zu kreieren und mit
genau 48 Seiten im Buchformat zum selber
schreiben und zeichnen und auch einfach freie
Seiten lassen und auch selber Papierblätter
hineinlegen in dieses Buch, und es wird auch
schön und gut bezeichnet, wenn ein Buch
vollständig auf allen Seitenblättern
beschrieben ist, und dieses Buch kann dann
somit auch selber mitgestaltet werden.

Die NHL ist freudiger Sport und auch schöne
Kinderfeste.

Ein Rosenfest und Zirkuszeltfest bei meinem Geburtsort Rapperswil am Zürichsee in der Schweiz und ein großes NHL New York Fest im Madison Square Garden.

NHL Museumfest in Washington und Buchfest in Oklahoma und Palmenfest in Dallas.

Herzfest in Chicago und Naturfest in Homburg
und Theaterfest in Köln und Philosophiefest
im ET Land und ganz fröhliches
Sportmodenfest in San Francisco.

Wasserfest in Hamburg

Waldfest in Buffalo und Schiffefest in
Columbus und Moosfest in Philadelphia

Naturglanzfest in ewigi und Steinefest in
Region Germany

Blumenfest in St. Louis und
Architekturtechnikfest in Detroit und
Kunstausstellungsfest in Los Angeles und
Vulkanfest in Calgary und Sandwüstenfest in
Winnipeg mit Wiesenglitzer und
Palmwüstenfest in Afrika und Wörtherseefest
in Klagenfurt und Musikfest in Dallas ....

Strandfest am Meer in Vancouver und
Bärenfest mit See schauen in Minnesota und
Fußballfest in München und Basketballfest in
Orunda und Wüstefest in der Sahara und
Dschungelfest in Bulongo und Blumifest in
Australien und Sternzungofestival.

Zeichenmalfest in asian

Höhlenfest in Homburg und Bastelfest in Hamburg

Hochzeitsmodefest in Zürich

Palmenfest in Palm Springs

Eisfest in Hawai

Schifest in motunga mountain und
Partylingfest in lakoi

Eskimofest in Polari

Indianerzeltfest in Südpolari

Parkfest in New York und Moosfest in siloi

Fichtenbaumfest in Arizona und
Tannenbaumfest in Las Vegas

Sombrerohutfest in Mexiko

Schneefest in Salt Lake City

Vier Jahreszeitenfest in Florida und Föhrenfest in Montreal

Zwetschgenfest und Marillenfest und Apfelfest
und Birnenfest und Kartoffelfest und
Maracujafest und Zitronenfest und
Kokosnussfest und Orangenfest in Ottawa

Farbenfest in Minnesota und Tierefest und
Pfanzenfest in Nashville

Wasserglanzfest in St. Louis …..

NHL ist auch mit indianigen Zeichen wie ***
und /;;)= und :-:

Kirchenfeste überall

Tanzmusikfest in Köln und Opernfest in
Calgary und Strandlauffest in Tampa Bay und
Ruhefest in Ruondo

Heiratstempelfest in Dehli ….. mit Farben wie
weiß und grün und blau und rot und gelb …..

All star Fest in New York yankeei stadium und
lustiges sportliches Mascoti icefestival in
Miami und NFL festi in Miami mit NHL
medali mascoti

Grasglitzerbaumfest in Chiri …..

NHL Weihnachtsosterfest überall ….

Modefest und Sandfest und Baumfest und
Grasfest und Wasserfest und Wetterfest und
Blumenfest und Sonnefest und Nachtfest

ewig Heiratsfest und glücklich lachen und
fröhlich sein und witzelen in Zürich und Enjoy
Fest in Asian und nature festival in Indianiyo
und woodi festi in wolundo

lachen

glücklich sein
happy being